COLLECTION

DE

M. SELLAR

DE LONDRES

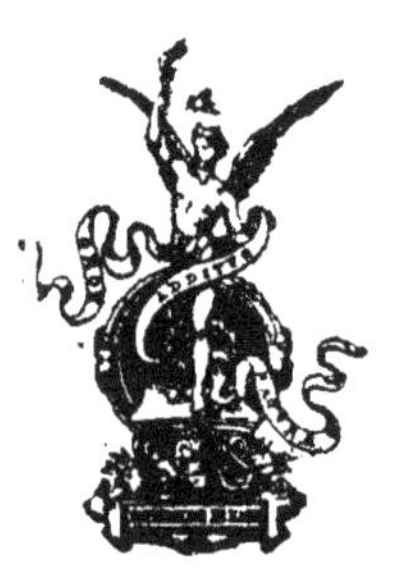

COLLECTION

DE

M. SELLAR

DE LONDRES

PARIS. — IMPRIMERIE DE L'ART

E. Ménard et Cie, 41, rue de la Victoire

CATALOGUE

DE

TABLEAUX

ANCIENS

COMPOSANT L'IMPORTANTE COLLECTION

DE

M. SELLAR

DE LONDRES

ET DONT LA VENTE AURA LIEU, A PARIS

GALERIE GEORGES PETIT, 8, RUE DE SEZE

Le Jeudi 6 Juin 1889

A DEUX HEURES

COMMISSAIRE-PRISEUR

M. PAUL CHEVALLIER

10, rue Grange-Batelière, 10

EXPERTS

M. GEORGES PETIT	M. F. LASQUIN
12, rue Godot-de-Mauroi, 12	12, rue Laffitte, 12

Chez lesquels se trouve le present Catalogue

EXPOSITION

PARTICULIÈRE : *Le Mardi 4 Juin 1889, de 1 heure à 5 heures.*

PUBLIQUE : *Le Mercredi 5 Juin 1889, de 1 heure à 5 heures.*

CONDITIONS DE LA VENTE

La vente sera faite au comptant.

Les Acquéreurs paieront, en sus des adjudications, *cinq pour cent* applicables aux frais.

DÉSIGNATION

BERGHEM

(CLAES-PIETERSZ)

1620-1683. — Harlem.

1 — Les Bûcherons.

Un bûcheron et sa femme chargent des fagots sur un petit traîneau devant lequel un chien est arrêté ; plus loin, un homme, assis sur une barque prise dans la glace, attache ses patins.

Le paysage est couvert de neige. Entourés d'arbres dénudés, une cabane et un hangar montrent leurs toitures blanches sur un grand ciel sombre, triste, qu'une lueur empourprée pénètre à l'horizon, découpant la silhouette d'un moulin à vent.

Signé sur une planche en bas, à droite, et daté 1658.

Bois. Haut., 29 cent.; larg., 40 cent.

BOTTICELLI

(ALESSANDRO FILIPEPI, dit SANDRO)

1447-1515. — Florence.

2 — La Vierge aux anges.

Deux anges aux ailes roses, l'un à droite apportant des fleurs dans son écharpe, l'autre placé à gauche, rendent hommage au divin Enfant que sa mère soutient tendrement de ses deux mains.

La Vierge debout, ses cheveux blonds ondulés, à demi cachés par une voilette rose, est vêtue d'une robe rouge et d'un manteau bleu. Derrière elle retombe un dorsal encadré d'une broderie d'or.

Les quatre têtes se détachent sur des nimbes gravés et dorés.

Fond de paysage montagneux avec cours d'eau.

Bois circulaire. Diam., 95 cent.

BRAUWER

(ADRIAAN)

1608-1639. — Anvers.

3 — Le Sentier.

Cinq villageois suivent un sentier qui serpente à travers des ondulations de terrain sur la pente d'une colline couronnée d'arbrisseaux. Les deux premiers poussent un porc, un troisième arrive un paquet sous le bras, un bâton à la main ; les deux autres, une femme et un homme en veste rouge, s'éloignent enlacés.

Un poteau indicateur est fiché à droite au bord du chemin ; de l'autre côté, on voit une cabane à toiture de chaume.

Ciel nuageux avec une éclaircie vers l'horizon.

A figuré à l'Exposition de la *Royal Academy*, en 1885.

Bois. Haut., 25 cent. ; larg., 19 cent.

CAPELLE

(JAN VAN DER)

Milieu du XVIIe siècle. — Amsterdam.

4 — Marine.

Des barques à voiles se réfléchissent dans l'eau calme d'une rivière de Hollande, bordée de rives verdoyantes.

Tout le paysage est tenu dans une pénombre motivée par de beaux nuages gris où se concentre toute la lumière.

L'effet ainsi obtenu est plein de douceur.

Signé des initiales sur une barque.

Bois. Haut., 39 cent. ; larg., 52 cent.

CAPELLE

(JAN VAN DER)

5 — Paysage d'hiver.

Des mariniers, des patineurs, plusieurs traîneaux sont espacés sur les bords glacés d'un fleuve, à son embouchure.

Quelques embarcations sont amarrées à droite auprès d'un groupe de maisons aux toitures blanches, devant lesquelles cinq ouvriers travaillent à la construction d'un bateau en chantier. Des madriers sont rangés sur le sol couvert de neige.

Un rideau de nuées bleuâtres s'étend à la partie basse du ciel.

Signé des initiales, à droite.

A figuré à l'Exposition de la *Royal Academy*, en 1888.

Toile. Haut., 21 cent.; larg., 48 cent.

CEULEN

(CORNELIUS JANSSON VAN)

1590-1665. — Amsterdam.

6 — Portrait présumé d'Henriette de France, femme de Charles Ier.

Représentée debout, à mi-jambes et de trois quarts, tournée vers la gauche, les mains l'une sur l'autre à la hauteur de la taille, elle est vêtue d'une robe de soie foncée à larges manches ouvertes par devant et porte un bijou au corsage et une parure complète de perles grises, pendants d'oreilles, collier et bracelets. Un cordon de perles semblables est ajusté dans sa coiffure. Cette figure se détache sur un rideau verdâtre.

Ce portrait et les deux suivants, du même artiste, sont des œuvres fort remarquables par leur allure distinguée, la sobriété du coloris, la finesse du pinceau et la délicatesse du modelé.

Toile. Haut., 1 m. 12 cent.; larg., 90 cent.

CEULEN

(CORNELIUS JANSSON VAN)

7 — Portrait d'une dame de qualité.

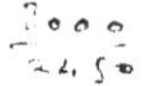

Elle est vêtue d'une robe de velours noir avec large col rabattu et manchettes bordées de dentelle. Elle porte une parure de perles et une broche de pierreries. Sa main droite est posée à plat sur la pointe du corsage; de la gauche, elle soulève un pli de la jupe.

Figure à mi-jambes et de trois quarts à gauche.

A figuré à l'Exposition des œuvres des maîtres anciens, à la *Royal Academy*, en 1885.

Toile. Haut., 1 m. 10 cent.; larg., 86 cent.

CEULEN

(CORNELIUS JANSSON VAN)

8 — Portrait d'un gentilhomme.

Ce personnage se présente debout, de trois quarts tourné vers la droite, en costume de velours noir, pourpoint et manteau, sur lequel ressortent un col plat et des manchettes de linon. Il a la main droite sur la hanche, la paume en dehors et tient de la main gauche des gants en peau de daim.

A figuré à l'Exposition des œuvres de maîtres anciens, à la *Royal Academy* de Londres, en 1885.

Pendant du précédent.

Toile. Haut., 1 m. 10 cent.; larg., 86 cent.

CLOUET

(École des)

XVIe siècle.

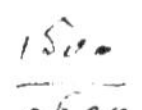

9 — La Reine Élisabeth d'Angleterre.

En somptueux costume, couvert de perles et de pierreries, fraise en dentelle d'or, guimpe blanche et robe noire, avec bouffants sur les épaules.

Figure en buste.

Bois. Haut., 24 cent.; larg., 19 cent.

COSTA

(LORENZO)

XVIe siècle. — Ferrare.

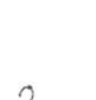

10 — Deux Saints.

Sainte Thérèse, tenant une branche de lis, et saint François, tenant la croix, sont représentés dans un paysage montagneux.

Bois. Haut., 36 cent.; larg., 30 cent.

CUYP

(AELBERT)

1605-1691. — Dordrecht.

11 — Bateaux sur une rivière.

Trois bateaux à voiles, presque côte à côte, précédés d'une quatrième embarcation, remontent le courant de la rivière, laissant derrière eux un long sillage.

La rive opposée est sinueuse et boisée de place en place. Au coin, on découvre un moulin à vent et un clocher.

Vers la droite, deux hommes sont arrêtés sur une éminence au bord de l'eau.

Le ciel est voilé par des nuages pommelés et par de légères vapeurs qui s'élèvent sous l'action d'un chaud soleil d'été.

Ce petit tableau, d'une admirable transparence et d'un pinceau large et facile, est un spécimen précieux du talent de ce grand artiste.

Signé en bas, à droite, sur l'eau : *A. Cuyp.*

A figuré à l'Exposition de la *Royal Academy*, à Londres, en 1885.

Bois. Haut., 30 cent. ; larg., 42 cent.

GRAVÉ PAR DEVILLE.

CUYP

(AELBERT)

12 — L'Abreuvoir.

Cinq vaches s'abreuvent dans une rivière qui baigne une campagne fertile, accidentée, plantée çà et là de bouquets d'arbres et bornée au loin par de riants coteaux.

Une sixième vache est couchée au bord d'une route montueuse, où sont arrêtés trois pâtres, avec leurs montures, et sur laquelle cheminent, l'un derrière l'autre, deux cavaliers, le second portant un manteau rouge. Ils passent auprès d'un grand arbre qui se dresse à droite de la composition.

Une brume dorée enveloppe tout le paysage, qui donne l'impression d'une chaude journée d'été, l'après-midi.

Signé en toutes lettres, en bas, à droite.

Bois. Haut., 55 cent.; larg., 75 cent.

CUYP

(AELBERT)

13 — Choc de cavalerie.

Deux partis ennemis sont aux prises sur la lisière d'un bois. C'est une furieuse mêlée, où étincellent l'éclair des épées et la flamme des armes à feu.

Un mousquetaire, cuirassé et ceint d'une écharpe rouge, montant un cheval blanc, traverse le premier plan au galop et tire un coup de pistolet. Un combattant gît sur le sol.

A gauche, des cavaliers galopent dans la plaine. Au loin, un escadron est massé sur l'un des contreforts d'une haute montagne.

Signé, en bas, à gauche, des initiales : *A. C.*

Bois. Haut., 36 cent.; larg., 45 cent.

CUYP

14 — Le Chat dans le poulailler.

Une poule blanche couve dans un panier d'osier et se tourne effrayée vers un chat gris qui montre sa tête dans l'embrasure d'une lucarne. Un poussin se rapproche de la couveuse.

Une coquille de moule, un pot de terre rouge, une vieille lanterne renversée, un seau retourné, sont épars sur le sol.

Bois. Haut., 75 cent.; larg., 1 m. 7 cent.

CUYP

(Attribué à AELBERT)

15 — Portrait de jeune fille.

De trois quarts, tournée vers la droite, une épingle d'or piquée dans ses cheveux blonds, relevés et découvrant le front, elle est coiffée d'une cornette de linon. Une large fraise à tuyaux rayonnants s'arrondit autour du cou et tranche sur une robe de soie noire damassée. Elle a des manchettes de guipure, un bracelet de corail et soulève de la main gauche une escarcelle blanche couverte de broderies, suspendue à une chaîne d'or tenant lieu de ceinture.

On lit en haut du panneau : *Ætatis suæ 18. — 1631.*

Bois. Haut., 71 cent., larg., 60 cent.

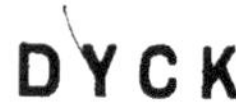

DYCK

(ANTON VAN)

1599-1641. — Anvers.

16 — Portrait d'un musicien.

Représenté de face, en tête, drapé dans un manteau brun sur lequel se rabat le col de la chemise, il accorde un luth. Il est châtain foncé et porte la moustache et la barbe. Derrière lui, un rideau rouge, relevé à gauche, laisse voir une allée de parc dans laquelle une dame joue du clavecin.

Cette peinture semble appartenir à la première manière de l'artiste, à l'époque où il travaillait encore chez Rubens.

Bois. Haut., 65 cent.; larg., 50 cent.

ÉCOLE ALLEMANDE

Fin du XVe siècle.

17 — Saint Jérôme.

Sous une arcade surbaissée portant sur des colonnettes en faisceaux que surmontent des pinacles décorés de statues, le saint est représenté dans l'intérieur d'une pièce pavée de carrelage noir et blanc. En costume de cardinal, il est assis dans une stalle, devant un prie-Dieu, et se tourne pour caresser le lion qui se dresse, posant sa patte sur l'accotoir du siège.

Des burettes, des patènes et des scapulaires sont rangés sur deux tablettes superposées et fixées au mur de la pièce, percé de deux fenêtres à croisillons et à volets.

Bois. Haut., 40 cent.; larg., 31 cent.

ÉCOLE FLORENTINE

XIVe siècle.

18 — La Mort de la Vierge.

Enveloppée d'un manteau bleu, les mains croisées sur la poitrine, la Vierge est étendue sur un lit recouvert d'une draperie rouge parsemée de fleurettes d'or.

Les douze apôtres, en proie à la plus profonde douleur, sont rangés autour de la Vierge. Au chevet du lit se tiennent deux anges en aube blanche tenant des cierges, et quatre séraphins vêtus de bleu.

Au centre de la composition, dans une auréole, apparaît Dieu le père, la main levée pour bénir, portant l'Enfant Jésus, emmaillotté, les mains jointes.

Les nimbes de toutes les figures sont gaufrés et dorés; le fond également doré est uni.

Bois. Haut., 77 cent.; larg., 67 cent.

EECKHOUT

(GERBRAND VAN DEN)

1621-1674. — Amsterdam.

19 — La Liseuse.

Femme âgée, tournée de profil à gauche et assise dans un fauteuil. Elle semble méditer sur un gros livre ouvert, où elle appuie ses deux mains posées l'une sur l'autre. Sa tête est recouverte d'une cape de velours rouge, frangée d'or, ornée à l'épaule de broderies et d'une agrafe de métal et descendant sur une robe brune garnie de fourrure.

Beau morceau de peinture, très lumineux, d'un modelé énergique, et d'un effet rembranesque.

A figuré à l'Exposition de la *Royal Academy*, en 1885.

Toile. Haut., 88 cent.; larg., 72 cent.

EVERDINGEN

(ALBERT VAN)

1621-1675. — Alkmaar.

20 — Le Torrent.

Site de Norwège, abrupt et sauvage.

Sur la sombre lisière d'une forêt de sapins et de chênes séculaires, deux cabanes de planches sont construites au bord d'un torrent dont les eaux impétueuses se précipitent à travers les rochers et retombent en nappes limpides frangées d'écume. Quelques moutons sont disséminés parmi les maigres broussailles du premier plan.

Au-dessus des arbres, à droite, se dresse un clocher d'église. Ciel gris avec de beaux nuages.

Paysage d'un grand caractère et d'une exécution hardie et savante.

A figuré à l'Exposition des œuvres de maîtres anciens, à la *Royal Academy*, en 1888.

Toile. Haut., 1 m. 20 cent.; larg., 1 m. 3 cent.

EVERDINGEN

(ALBERT VAN)

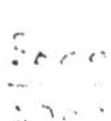

21 — Une Vue de Norwège.

Plusieurs torrents jaillissent entre les masses énormes des rochers et, confondant leurs eaux, retombent en magnifiques cascades.

Des cabanes de pâtre et des moulins à eau s'étagent sur les quartiers de rocs qui surplombent le ravin.

Ce site est empreint d'un étrange caractère de sauvagerie.

Toile. Haut., 1 m. 20 cent.; larg., 1 m. 75 cent.

EYCK

(Attribué à JAN VAN)

Commencement du XVe siècle. — École flamande.

22 — La Vierge et l'Enfant.

Marie est debout au milieu d'une terrasse dallée de marbre, et d'où l'on découvre un paysage montagneux et boisé que traverse un cours d'eau. Ses cheveux blonds, ondulés, tombant sur les épaules, vêtue d'une robe bleue en partie cachée par un manteau rouge, elle se penche avec une tendre sollicitude vers le divin enfant qu'elle porte dans ses bras et qui a sur la main la boule symbolique de cristal, surmontée de la croix d'or.

Derrière la Vierge, un banc gothique en chêne, à dossier sculpté, est recouvert d'un tapis de drap d'or, à dessins veloutés.

Une arcade forme l'encadrement de la composition : deux colonnettes en décorent les jambages, supportant deux statuettes dorées : Adam et Ève.

Intéressant spécimen de l'art flamand au XVe siècle, pour l'éclat et la transparence du coloris, la finesse extrême des détails, la douceur et la naïveté des expressions.

Bel état de conservation.

Bois. Haut., 56 cent. ; larg., 31 cent.

FIESOLE

Attribué à FRA GIO-ANGELICO DA

1387-1455. — Toscane.

23 — La Nativité.

Marie, en robe rose et manteau bleu, la tête recouverte d'un voile brodé d'or, les mains jointes, est agenouillée devant son divin fils qui, couché sur un lange de pourpre au milieu d'un lit de gazon, a les deux mains ramenées près de la bouche, comme pour lui envoyer des baisers.

A droite, on voit deux saintes femmes sous le hangar de la crèche. Trois anges planent autour de l'étoile arrêtée au-dessus du Messie.

Au loin, dans les airs, un ange, précédant un cortège de séraphins sonnant de la trompette, annonce aux bergers, dans la campagne, la venue du Sauveur.

Ce tableau, primitivement peint sur panneau, a été transporté sur toile.

Haut., 1 m. 10 cent.; larg., 82 cent.

FYT

JOHANNES

1609-1661. — Anvers.

24 — Oiseaux morts.

Un paon au plumage éclatant, un cygne, une hure de sanglier, un bouquet de roses et de pivoines sont déposés à la base d'une colonne, parmi des débris d'architecture, en partie masqués par un rideau violet et par un grand tapis de velours pourpre.

Morceau de tout premier ordre pour sa facture admirable de souplesse, d'adresse et de nervosité, et aussi pour la richesse et l'harmonie des colorations.

A figuré à l'Exposition des œuvres de maîtres anciens, à la *Royal Academy*, en 1887.

Toile. Haut., 1 m. 44 cent.; larg. 1 m. 32 cent.

FYT

JOHANNES

25 — Le Chien de garde.

Un énorme dogue, à pelage fauve et blanc, ayant un collier de cuir rouge, est enchaîné auprès d'une balustrade. Il est assis et baisse la tête, pour boire dans une petite auge de pierre.

A figuré à l'Exposition des œuvres de maîtres anciens, à la *Royal Academy* de Londres, en 1887.

Toile. Haut., 96 cent.; larg., 1 m. 28 cent.

FYT

JOHANNES

26 — Le Lièvre cerné.

Cinq épagneuls à poil blanc tacheté de roux entourent un lièvre sur un talus, à la lisière d'un bois.

Au loin, la flèche d'un clocher émerge au-dessus des arbres.

Toile. Haut., 1 m. 20 cent.; larg., 1 m. 82 cent.

GÉRARD DAVID

Mort en 1523. — École flamande.

27 — La Vierge et quatre saints.

Au centre du tableau est assise la Vierge Marie, en robe bleue et manteau rouge brodé d'or, ayant dans les bras l'Enfant Jésus enveloppé d'un lange.

A droite, sainte Marguerite, debout, foulant aux pieds le démon, un livre d'heures à la main, est vêtue d'une robe verte et d'un manteau gris bleuâtre. Du même côté, sainte Barbe, en robe pourpre avec une curieuse coiffure en broderie d'or, tient une palme et un livre; derrière elle se dresse une tour gothique.

A gauche de la Vierge se tiennent saint Augustin, évêque, et saint Dominique.

Fond de paysage montagneux et boisé avec diverses constructions et un château fort assis sur un rocher.

Ce très intéressant tableau, d'un coloris transparent et d'un fini remarquable, est, en outre, dans un parfait état de conservation.

Bois. Haut., 98 cent.; larg., 1 m. 30 cent.

GIOTTO

(École de)

PEINTURE DU XIVe SIÈCLE.

28 — La Crucifixion.

Sainte Madeleine embrasse le pied de la croix sur laquelle expire le Sauveur. Deux anges descendent du ciel. A gauche, la Vierge drapée d'un manteau bleu ; à droite, saint Jean. Fond d'or.

Ce tableau, dont la partie supérieure forme l'ogive, est bordé d'une moulure saillante prise dans l'épaisseur du panneau.

Bois. Haut., 75 cent ; larg., 38 cent.

GOYEN

JAN VAN

Né à Leyde en 1596, mort à La Haye en 1666.

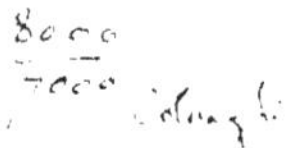

29 — Bateaux appareillant pour le départ.

A droite, cinq bateaux de pêche ou chalands font leurs préparatifs de départ ; quelques barques viennent les accoster, leur amenant des voyageurs et des provisions.

A gauche, près d'une langue de terre où deux hommes attisent le foyer sous une marmite, deux barques, l'une chargée de quatre personnages et de barriques, l'autre couverte par une sorte de tente et montée par trois hommes ; au loin, d'autres embarcations sillonnent la rivière.

Sur la rive opposée, on aperçoit une ville avec remparts et des moulins à vent.

Le ciel, chargé de gros nuages pommelés, est reflété par les eaux et répand, sur toute la composition, une vive lumière.

Tableau d'une très belle coloration transparente, d'un grand effet et vigoureusement peint.

Signé à gauche, sur une barque, et daté 1655.

Bois. Haut., 45 cent.; larg., 66 cent.

GRAVÉ PAR COURTRY.

GOYEN

JAN VAN

30 — Le Bac.

Trois langues de terre soutenues par un rang de pieux forment le premier plan et se découpent en vigueur sur la surface grise de l'eau, éclairée d'une faible lueur qui filtre à travers les nuages amoncelés dans l'atmosphère.

Un carrosse attelé de quatre chevaux passe le fleuve dans un bac ; trois pêcheurs, dans une barque, relèvent leurs filets.

Le second plan, sur l'autre rive, est occupé par une ville que domine le grand clocher à jour de son église et que protège un mur d'enceinte flanqué de tours ; à gauche, des moulins se dressent sur le crête d'un coteau. Au loin, à droite, les voiles des bateaux de pêche se profilent sur l'horizon.

Œuvre importante, d'une exécution légère et d'un effet plein de douceur et de sentiment poétique.

Signé en toutes lettres, à droite, sur le bordage de la barque, et daté 1647.

Bois. Haut., 75 cent.; larg., 1 m. 8 cent.

GOYEN

(JAN VAN)

31 — La Vieille Tour.

Vue intérieure d'une ville hollandaise. Une ancienne tour servant de colombier, flanquée de contreforts et de maisonnettes en planches, se dresse sur le quai d'un canal à l'entrée d'un pont à une seule arche, sous laquelle on aperçoit un deuxième pont, que dominent une vaste église et une colonne surmontée d'une statue.

Des embarcations sont amarrées au long de chaque rive où circulent quelques figurines.

Des nuages sombres envahissent la partie supérieure du ciel éclairée vers l'horizon.

Signé en toutes lettres et daté 1647.

Bois. Haut., 48 cent.; larg., 65 cent.

GREUZE

(JEAN-BAPTISTE)

1725-1805. — Tournus.

32 — La Jeune Fille aux colombes.

Vue de face, assise, ses cheveux blonds défaits, la chemise ouverte laissant la gorge à découvert, le corps entouré d'une draperie bleue, elle est nonchalamment accoudée sur le piédestal d'un vase, et tient une couronne de fleurs; elle a sur les genoux un couple de colombes.

Plusieurs parties de cette gracieuse peinture, notamment les cheveux, la draperie bleue, le bras droit, ont été malheureusement retouchées.

Toile ovale. Haut., 80 cent.; larg., 71 cent.

GUARDI

FRANCESCO

1712-1793. — Venise.

33 — Fête publique, à Venise.

Une foule immense se presse sur la place San Giovanni e Paolo et assiste à une cérémonie qui se passe devant la Scuola di San Marco.

Pour la circonstance, il a été dressé devant la façade de ce monument une vaste estrade avec escalier à double rampe atteignant l'étage supérieur. Là, sous un magnifique dais doré, un doge est entouré de nombreux personnages en robe rouge dont une partie occupent encore les marches de l'escalier.

A droite se dresse la statue équestre du Colleoni.

La lumière éclatante du soleil, se jouant à travers les costumes multicolores, ajoute encore à la gaieté du coloris.

Tableau de brillante qualité.

A figuré à l'Exposition de la *Royal Academy*, à Londres, en 1885.

Toile. Haut., 52 cent.; larg., 68 cent.

Gravé par Milius.

GUARDI

FRANCESCO

34 — **La Place Saint-Marc.**

De nombreuses figurines circulent sur tous les plans de la grande place. On voit au fond le Campanile, la façade de Saint-Marc avec ses dômes et une partie du palais des doges.

Bois. Haut., 20 cent.; larg., 32 cent.

GUARDI

FRANCESCO

35 — **Le Pont du Rialto.**

Des gondoles et diverses embarcations sillonnent en tous sens le Grand Canal, que traverse au second plan le célèbre pont du Rialto.

A gauche, au long du quai sont amarrées de grandes barques de transport, couvertes de bannes.

Bois. Haut., 20 cent.; larg., 32 cent.

HALS

FRANS

Né à Anvers en 1584, mort à Harlem en 1666.

36 — Portrait de femme.

Représentée assise dans un fauteuil, vêtue d'une robe de soie noire avec corsage de velours, le corps tourné un peu à gauche, la tête de face, coiffée d'un bonnet blanc, le bras droit ramené contre le corps, l'autre bras accoudé sur le fauteuil, un livre à la main. Le visage empreint de bonhomie se détache sur une collerette tuyautée.

Dans le haut est écrit AETAT SVAE 56 AN° 1635.

Tableau d'une tonalité très fine et d'une superbe facture.

A figuré à l'Exposition de la *Royal Academy*, à Londres, en 1885.

Toile. Haut., 1 m. 15 cent.; larg., 92 cent.

GRAVÉ PAR KRATKÉ.

HALS

(FRANS)

37 — Portrait d'homme.

Représenté à mi-corps, tourné vers la droite, le visage de face, avec moustache et barbiche, se détachant sur une collerette blanche plissée; coiffé d'un large feutre noir, il tient des gants jaunes de la main gauche et a l'autre main passée à la hauteur de la poitrine sous le pli de son manteau.

A figuré à l'Exposition des maîtres anciens de la *Royal Academy*, en 1887.

Toile. Haut., 85 cent.; larg., 65 cent.

Gravé par Mordant.

HALS

(FRANS)

38 — Le Joyeux Mulâtre.

Quelque valet ou bouffon de Harlem, et l'un des modèles de prédilection du grand portraitiste, qui se complaisait à reproduire, sous différents aspects, sa face joviale, ses traits accentués, son teint haut en couleur, ses cheveux drus et incultes et son collier de barbe noire en broussaille.

Hals nous le montre ici de face, la tête penchée sur l'épaule, le visage épanoui par un bon rire qui ferme à demi les paupières, retrousse les ailes du nez et entr'ouvre les grosses lèvres entre lesquelles apparaît la rangée des dents blanches.

Le costume est approprié au caractère comique du personnage. C'est une sorte de livrée d'un rouge voyant, à gros boutons, galonnée de jaune sur toutes les coutures, avec un bonnet de même couleur, muni de languettes barbelées et posé de travers sur l'oreille.

De la main droite, à peine esquissée, il semble désigner l'objet de son hilarité.

Fond gris, très lumineux.

Très remarquable étude, d'une grande puissance de coloration et d'une incomparable crânerie d'exécution.

A figuré à l'Exposition des maîtres anciens de la *Royal Academy*, en 1887.

Toile. Haut., 78 cent.; larg., 64 cent.

HALS

FRANS

39 — Tête d'enfant.

Garçon d'une dizaine d'années, vu presque de face, riant aux éclats, les cheveux ébouriffés et couvrant le front. Collerette blanche retombant sur une veste jaune. Buste.

Étude très énergique.

Bois. Haut., 35 cent.; larg., 27 cent.

HALS

DIRCK

1589 ?-1656. — Harlem.

40 — Les Joueurs de trictrac.

Dans une pièce décorée de tableaux et dallée de marbre gris, quatre gentilshommes en costume Louis XIII, feutres à larges bords et pourpoints de satin tailladés, jouent et boivent, en compagnie d'une dame à large collerette qui tient un verre.

L'un des joueurs, debout, un pied sur la traverse d'un tabouret, se tourne vers le spectateur, pendant que son adversaire, assis en face, lance les dés.

Le troisième personnage, assis, tient sa pipe et lève une canette. Le dernier, également assis, à gauche devant la cheminée, se penche pour allumer sa pipe à un tison qu'il a saisi avec les pincettes.

Un chat est couché près de l'âtre.

Bois. Haut., 40 cent.; larg., 55 cent.

HEYDEN

JAN VAN DER

1637-1712

Et

VELDE

ADRIAAN VAN DE

1636-1672

11 — Ville de Hollande.

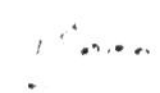

Une large rue pavée, vivement éclairée par le soleil, débouche sur la place de l'église ; à droite, se voit le portique en pierre d'une caserne devant lequel sont deux soldats. A gauche, des maisons de briques, où un aveugle, accompagné d'un enfant, reçoit l'aumône.

Au milieu, près d'un puits avec margelle de briques, ombragé par un arbre, deux gentilshommes et deux femmes causent debout ; près d'eux, un homme est assis sur un tronc d'arbre couché sur le sol.

Un homme du peuple, monté sur un cheval, et diverses autres figures de citadins et de promeneurs parcourent le fond de la place.

Des nuages dorés se détachent sur un ciel bleu.

Les figures de ce tableau sont peintes par Adrien Van de Velde.

Tableau d'une exécution des plus précieuses et d'une tonalité claire.

Signé sur une dalle du puits : *J. V. D. Heyde.*

A figuré à l'Exposition de la *Royal Academy* de Londres, en 1885.

Bois. Haut., 44 cent. ; larg., 55 cent.

GRAVÉ PAR TEYSSONNIÈRES.

HOOGH

(PIETER DE)

Mort en 1681.

12 — Les Ménagères hollandaises.

Une femme debout, le panier à la main, le manteau sur le bras, vêtue d'une casaque noire, d'une jupe claire et d'un tablier bleu, se dispose à sortir; un petit chien à longs poils jappe à ses pieds. Elle adresse la parole à une autre femme en robe rouge avec tablier retroussé, qui est accroupie devant une cheminée, occupée à allumer le feu.

La porte de cette pièce donne sur un vestibule dallé, vivement éclairé d'un rayon de soleil qui pénètre par la seconde porte, ouverte sur la rue, laissant voir un canal, et, au delà, des maisons en partie masquées par des arbres.

Signé en toutes lettres et daté 1656.

Collection de M. le chevalier Lissingen, de Vienne.

Collection de M. le baron de Beurnonville.

Toile. Haut., 57 cent.; larg., 69 cent.

GRAVÉ PAR DE BILLY.

LANCRET

(Attribué à NICOLAS)

1690-1743. — Paris.

43 — Arlequin et Pierrot.

Ils se rencontrent sur la terrasse d'un parc et, le feutre à la main, luttent de politesse et se confondent en respectueuses salutations.

Le fond représente une pièce d'eau entourée de charmilles.

Ce tableau, où l'on retrouve les caractères de l'originalité, nous paraît amolli par diverses restaurations.

Toile. Haut., 92 cent.; larg., 72 cent.

LE NAIN

(ANTOINE)

1578(?)-1648(?).

44 — Le Goûter.

Cinq enfants sont réunis autour de leur mère, assise derrière une table recouverte d'une nappe blanche où est posée une jatte.

A droite, un jeune garçon assis sur une chaise paillée, en veston rouge, culotte grise et bas bleus, tient une cruche de grès et un verre; il cache en partie une petite fille dont on ne voit que le visage.

A gauche, trois autres fillettes, aux visages éveillés, sont debout et de face, vêtues de robes de nuances variées.

Charmant tableau, d'un vif coloris très harmonieux.

Bois. Haut., 27 cent.; larg., 32 cent.

GRAVÉ PAR FAIVRE.

MABUSE

(Attribué à JAN DE)

1470-1532. — Maubeuge.

45 — **Portrait d'une dame de distinction.**

Dans une pièce lambrissée, auprès d'une fenêtre à petites vitres, sur le bord de laquelle est posée une grosse pomme, une femme debout, vue de trois-quarts, feuillette un livre d'heures, devant une table où se voit un magnifique vase d'orfèvrerie.

Elle porte un riche costume flamand des premières années du XVIe siècle : coiffe en gaze, guimpe à petits plis, corsage noir, manches rouges et pelisse de fourrure. Un bijou d'or et de perles est suspendu sur la poitrine à un double collier d'or.

Bois. Haut., 51 cent.; larg., 31 cent.

MIGNON

(ABRAHAM)

1637-1679. — Francfort.

46 — **Le Nid de chardonnerets.**

Roses, jonquilles, pavots, tulipe, tournesol, entremêlés de plantes grimpantes et de belles feuilles de chardon et de rhubarbe. Au-dessus de ce bouquet, dans un arbre, se voit un nid de chardonnerets empli d'oisillons auxquels la mère apporte la becquée tandis que le père chante à côté, perché sur une branche.

Toile. Haut., 88 cent.; larg., 73 cent.

MUSSCHER

(MICHEL VAN)

1645-1705. — Rotterdam.

47 — Portrait du peintre.

L'artiste s'est représenté à mi-corps, de trois quarts, avec une longue perruque bouclée, la palette à la main, dans un médaillon ovale, encadré de statues et d'ornements d'architecture en grisaille. Le Temps soulève la draperie qui voilait le portrait. Un enfant fait des bulles de savon.

Sous le médaillon est tracée une longue inscription hollandaise, ainsi que la date 1689.

Toile. Haut., 20 cent.; larg., 18 cent.

MUSSCHER

(MICHEL VAN)

48 — Portrait de la femme du peintre Van Musscher.

A mi-corps, presque de face, drapée dans un manteau bleu, elle est peinte sur un médaillon ovale qui, comme le tableau précédent, est entouré de statues et d'ornements simulés en camaïeu gris. On voit d'un côté la déesse de la Sagesse, et de l'autre des petits génies, dont l'un maintient un rideau relevé.

Toile. Haut., 20 cent.; larg., 18 cent.

NEEFS

(PEETER)

1570-1651. — Anvers

49 — Intérieur de cathédrale gothique.

La vue est prise en face le jubé, et la nef principale se développe dans toute son étendue. A travers les piliers on aperçoit les quatre nefs latérales.

Des figurines, peintes par Sébastien Franck, animent ce petit tableau et déterminent en outre les vastes proportions de l'édifice.

Signé des initiales *P. N.* sur un pilier.

Bois. Haut., 17 cent.; larg., 23 cent.

NEER

AART VAN DER

Né à Amsterdam en 1613 ou 1619, mort en 1683.

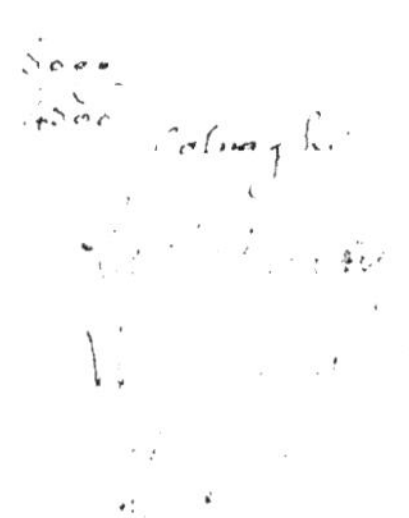

50 — La Forêt.

Une forêt de chênes séculaires est traversée par une rivière reflétant la clarté de la lune voilée par de légers nuages.

Sous bois, à gauche, on distingue deux figures suivant un sentier ; un homme se dirige vers le bord de l'eau.

Au premier plan, un tronc d'arbre mort et une haie.

La beauté sombre des grands arbres et le calme de la nuit, que le maître a rendus avec une vérité étonnante dans ce tableau, répandent sur tout le paysage un effet poétique imposant.

A figuré à l'Exposition de la *Royal Academy*, à Londres, en 1885.

Bois. Haut., 54 cent. ; larg., 51 cent.

Gravé par Leterrier.

NEER

(AART VAN DER)

51 — Divertissements d'hiver.

Les habitants de la ville voisine se portent en foule sur un canal glacé transformé en boulevard. Les uns se livrent au plaisir du patinage; d'autres, rangés en cercle et armés de bâtons à bouts recourbés, s'exercent à un jeu d'adresse.

A droite, un seigneur en promenade avec sa femme et sa fille, précédé d'un chien qui gambade, salue un couple qui passe dans un traîneau attelé d'un cheval bai.

Au second plan, on se précipite au secours d'un homme qui enfonce dans un trou.

Au loin, la grande ligne vaporeuse de la rive avec les toitures des maisons, les flèches des clochers, les silhouettes des moulins, s'étend jusqu'à l'horizon sous un ciel brumeux faiblement éclairé par les pâles rayons d'un soleil d'hiver.

Tout à l'avant-plan, un tronc d'arbre abattu gît sur le sol.

Toile. Haut., 58 cent.; larg., 75 cent.

NEER

(AART VAN DER)

52 — Un Incendie, la nuit.

Les flammes s'élèvent au-dessus des maisons d'un village, étincelant sur le noir du ciel et projetant une lueur rougeâtre sur les eaux d'un canal; un homme debout et une femme assise sur la rive, au premier plan, contemplent l'incendie.

Bois, forme ronde. Diam., 13 cent.

NEER

(AART VAN DER)

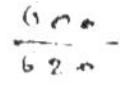

53 — **Les Patineurs.**

Paysage d'hiver au soleil couchant. Des figurines sont parsemées sur la couche de glace d'un canal, bordé à gauche par une ligne d'arbres dénudés entre lesquels apparaissent des habitations.

Bois. Haut., 13 cent.; larg., 26 cent.

PALMEZZANO DA FORLI

(MARCO)

Commencement du XVIe siècle. — Forli.

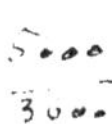

54 — **La Sainte Famille.**

La Vierge Marie est vêtue d'une robe rose et d'un long manteau bleu doublé de vert, recouvrant la tête et maintenu à la poitrine par un fermoir d'or enrichi de pierreries. Elle soutient, debout sur un mur bas, l'Enfant Jésus qui lève la main pour bénir le petit saint Jean prosterné à ses pieds.

A droite, saint Joseph, coiffé d'un bonnet rouge et enveloppé d'un manteau jaunâtre, a les deux mains appuyées sur une canne.

Un rideau vert retombe derrière le groupe, drapé autour d'un bâton horizontalement posé.

A gauche, la vue se porte sur un fond de paysage montrant, au delà d'une ville fortifiée, un fleuve encaissé dans les rochers.

Les figures de la Vierge, de saint Joseph et de saint Jean sont à mi-corps ; celle de l'Enfant Jésus est en pied.

Bois. Haut., 88 cent.; larg., 68 cent.

POURBUS

(FRANÇOIS)

1570-1622. — Anvers.

55 — Henri IV.

En buste, de trois quarts à gauche, la barbe grisonnante. Il porte une armure à filets d'or, une collerette bouillonnée et une écharpe blanche nouée sur l'épaule.

Toile. Haut., 48 cent.; larg., 43 cent.

PRINS

(JEAN HUBERT)

1757-1806. — La Haye.

56 — Vue de Hollande.

Sur un canal hollandais, auprès d'un pont de briques, un bateau est remorqué à la corde par un cheval blanc.

Bois. Haut., 21 cent.; larg., 25 cent.

REMBRANDT

(VAN RYN)

1608-1669.

57 — **L'Ange Raphael.**

A mi-jambes, drapé dans une tunique blanche laissant voir la main droite. Le visage est encadré d'une chevelure blonde retombant sur les épaules et se détache dans une auréole.

Cette étude, pleine de verve et d'un coloris étincelant, semble être une première pensée pour le tableau : *l'Ange quittant Tobie.*

Ce tableau a figuré à l'Exposition de la *Royal Academy*, à Londres, en 1885.

Bois. Haut., 26 cent.; larg., 26 cent.

Gravé par Courtry.

RIBERA (?)

GIUSEPPE

1588-1656. — École espagnole

58 — Portrait de femme.

Dame espagnole, âgée, au visage expressif, aux cheveux grisonnants, représentée debout, de trois quarts, en robe noire avec manchettes de dentelle et tablier blanc. Le bras gauche est pendant, la main droite s'appuie sur le coin d'une table où se voit un missel.

Figure saisissante de vérité et d'une exécution très serrée et très ferme.

Toile. Haut., 80 cent.; larg., 65 cent.

RUBENS

PIERRE-PAUL

1577-1640. — Anvers.

59 — L'Adoration des Mages.

Les trois rois orientaux, revêtus de somptueux costumes étincelants d'or et de pierreries, se prosternent devant l'Enfant Dieu, assis sur les genoux de sa mère, et lui présentent respectueusement l'or, l'encens et la myrrhe. Saint Joseph se tient debout derrière la Vierge.

A droite, se déploie le cortège des Mages, composé d'esclaves, de cavaliers, de guerriers en armure tenant des lances.

Sur le sol, gît le fût d'une colonne. Dans l'étable, au fond, à gauche, on aperçoit l'âne et le bœuf.

Traitée légèrement, dans une gamme brillante et d'une grande richesse de tons, c'est une esquisse arrêtée et qui a tout l'aspect d'un tableau achevé, avec en plus le charme de l'improvisation.

Bois. Haut., 40 cent.; larg., 50 cent.

RUBENS

(P. P.)

60 — La Vierge et plusieurs saints.

Le front ceint d'une couronne d'or, assise sur un trône, dans une niche décorée de belles colonnes torses, la Vierge soutient des deux mains l'Enfant Jésus, qui se penche vers un évêque prosterné à ses pieds, ainsi que Marie-Madeleine.

De chaque côté du trône sont groupés debout trois saints personnages ; à droite, sainte Catherine et deux saintes femmes ; à gauche, saint François, saint Georges et un autre saint.

Esquisse peinte en frottis, blonde et transparente et bien à l'effet.

A figuré à l'Exposition des maîtres anciens, à la *Royal Academy*, en 1887.

Bois. Haut., 35 cent.; larg., 53 cent.

RUBENS

(École de)

61 — Les Lions.

Deux lions, grandeur nature, se dressent sur leurs pattes de derrière, la gueule ouverte, les griffes menaçantes.

Au loin, la lisière d'un bois.

Le paysage nous semble peint par Wildens.

Toile. Haut., 1 m. 46 cent.; larg., 1 m. 56 cent.

RUYSCH

(RACHEL)

1664-1750. — École hollandaise.

62 — Fleurs.

Des roses, des tulipes, des pavots, des chrysanthèmes, des clématites, des branches de lis et de mûrier, un épi de maïs, forment un charmant bouquet, assemblés dans un vase de cristal placé sur une console de marbre.

Des papillons se posent çà et là sur les fleurs et volètent alentour.

Au coin de la console, un colimaçon rampe sur une feuille de rosier.

Signé en bas et daté 1697.

Toile. Haut., 77 cent.; larg., 65 cent.

RUYSDAEL

(JACOB)

Né à Harlem en 1625, mort en 1682 (?

63 — La Chute d'eau.

Un paysage accidenté est traversé par une rivière qui vient se déverser en une chute à travers des roches, au premier plan.

A droite, sur une éminence boisée, éclairée sur le versant opposé, se dresse un château avec sa tour carrée et ses dépendances ; quelques moutons paissent sous les arbres.

A gauche et au loin, la rive escarpée est plantée d'arbres et dominée par les montagnes qui occupent le fond du paysage.

Quelques nuages se détachent sur un ciel bleu et projettent leur ombre légère sur une partie du paysage.

Toile. Haut., 58 cent.; larg., 50 cent.

GRAVÉ PAR HANRIOT.

RUYSDAEL

(JACOB VAN)

64 — Bords de rivière.

Le soleil s'abaisse vers l'horizon et va disparaître derrière les arbres touffus plantés sur la berge, détachant, sur les clartés du ciel, leurs masses sombres, inversement réfléchies dans les eaux de la rivière.

A gauche, sur la rive opposée, un pêcheur à la ligne, en veste rouge.

Signé des initiales.

Bois. Haut., 14 cent., larg., 17 cent.

RUYSDAEL

(SALOMON)

Né à Harlem en 1610, mort en 1670.

65 — Le Bac.

Aux environs d'une ville de Hollande, entourée de prairies baignées par une rivière dont le cours s'étend à perte de vue, sept personnes et quatre bestiaux traversent l'eau dans un bac qui démarre non loin d'une habitation à demi cachée par les arbres à gauche ; sur la rivière, un chaland à voiles se dirige vers le fond, où se voient d'autres bateaux et des barques.

Des animaux paissent dans les prairies bordant la rivière.

Tableau très lumineux, de la plus belle facture du maître et d'une conservation parfaite.

Bois. Haut., 75 cent.; larg., 1 m. 6 cent.

Gravé par Damman.

RUYSDAEL

(SALOMON)

66 — **Marine.**

De beaux nuages poussés par la brise, les uns ensoleillés, les autres dans la demi-teinte, montent sur l'azur de l'atmosphère, projetant une grande ombre à la surface des eaux.

La mer est clapoteuse. Des barques à voiles voguent à différentes distances. Tout en avant, un canot rempli de monde est conduit à la rame.

Dans l'éloignement, la ligne du rivage avec ses arbres, ses clochers, ses moulins, se poursuit jusqu'à l'horizon.

Petit tableau de belle qualité et du meilleur temps du maître.

Signé du monogramme.

Bois. Haut., 37 cent.; larg., 43 cent.

RUYSDAEL

(SALOMON)

67 — **L'Embouchure de la Meuse.**

Des pêcheurs, dans de petites barques, posent leurs filets. Des bateaux, voiles au vent, sont disséminés sur le vaste fleuve qui s'enfuit à perte de vue sous un ciel gris où s'amoncellent de gros nuages.

Les arbres, les moulins à vent, les maisons et la cathédrale d'une ville, profilent leurs silhouettes au-dessus de la grande ligne du rivage.

Toile. Haut., 65 cent.; larg., 82 cent.

SAUVAGE

(PIAT-JOSEPH)

1744-1818. — Tournai.

68 — Jeux d'amours.

Dix petits cupidons folâtrent en tenant des thyrses et des couronnes de roses ; l'un d'eux, au milieu du groupe, est à califourchon sur un gros terre-neuve.

Peinture en camaïeu simulant un bas-relief en bronze, dans le goût de Clodion.

Signé en bas, à droite.

Bois. Haut., 31 cent.; larg., 84 cent.

SEGHERS ou ZEGERS

(DANIEL, dit le JÉSUITE D'ANVERS)

1591-1661. — Anvers.

69 — Fleurs.

Des roses de couleurs variées, des tulipes, une branche de lis et diverses fleurs, sont groupées dans un vase de cristal placé sur une table.

Signé en bas, à droite.

A figuré à l'Exposition de la *Royal Academy*, en 1885.

Bois. Haut., 83 cent.; larg., 53 cent.

STEEN

(JAN)

Né à Leyde en 1636, mort à Delft en 1689.

70 — Les Joyeux Convives.

Sur la terrasse d'une habitation ombragée par une treille, de joyeux vivants sont réunis autour d'une table ; c'est à la fin d'une collation.

Un compère au visage réjoui élève son verre rempli et le tend vers une femme portant une petite fille. Une dame, en costume bleu clair, robe moirée et tablier blanc, le corsage à demi ouvert garni d'une rose, est assise en avant et montre son verre vide ; près d'elle, à gauche, une petite fille en robe rouge fait traîner un cheval de bois par un chien ; derrière l'enfant, un convive installé rit aux éclats et tient une cruche ; à côté, un vieux barbon coiffé d'une toque à plumes et tenant une marotte, emblème de la folie, courtise une servante qui emporte un plat ; derrière eux, un joueur de flûte ; à droite, un joueur de mandoline est assis sur un piédestal ; derrière lui, un jeune homme coupe une grappe de raisin à la treille, en riant avec quatre autres convives.

A terre, se trouvent un broc d'étain et un vase de fleurs.

Une cage est appendue au milieu de la treille.

Œuvre capitale du maître, où l'on retrouve toute la fougue et l'humour qui le caractérisent. Le dessin en est savant, le coloris des plus harmonieux et l'exécution très soignée.

A figuré à l'Exposition de la *Royal Academy*, à Londres, en 1888.

Toile. Haut., 1 m. 15 cent. ; larg., 1 m. 35 cent.

GRAVÉ PAR LOS RIOS.

STEEN

JAN

71 — Samson et Dalila.

Dépouillé pendant son sommeil de sa chevelure dans laquelle résidait sa force extraordinaire et dont les longues mèches jonchent le sol, le héros vaincu, vêtu d'une tunique jaune, les mains liées derrière le dos, est tombé à genoux.

Des enfants tirent une longue corde nouée à une chaîne passée autour de son cou. Entouré par la troupe nombreuse des Philistins qui brandissent des sabres, des poignards et des hallebardes, le captif se tourne, hurlant de rage et lui reprochant sa trahison, vers Dalila, vêtue d'une robe de soie bleue brodée d'or et tranquillement assise sur un divan couvert d'un tapis de Smyrne. Auprès d'elle les sacs et les piles d'argent s'amoncellent sur une table, derrière laquelle un homme à turban compte à regret les pièces à une vieille femme qui semble résolue à exiger le paiement intégral de la somme promise.

Sous la table on voit un chien épagneul, une aiguière, un plat de cuivre, la trousse et les ciseaux.

La scène se passe sous un portique dans lequel se drape un grand rideau rouge.

Composition capitale et dans laquelle on ne compte pas moins d'une trentaine de figures. Elle est remarquable par la fermeté du pinceau, la justesse des gestes, la vérité des expressions.

Signé en bas, à droite.

Toile. Haut., 1 m. 38 cent.; larg., 2 mètres.

STEEN

JAN

72 — Les Crêpes.

Dans un intérieur rustique, dix-sept paysans, hommes, femmes et enfants, se livrent au plaisir de la bonne chère autour de la table abondamment servie.

Un violoneux debout, le pied sur le barreau d'un escabeau, accorde son instrument.

Assise sous le manteau de la cheminée, une vieille retourne une crêpe dans la poêle.

Un tableau, une cornemuse, une arbalète, une paire de bottes sont accrochés à la muraille ; une lanterne, une cage d'osier, des jambons sont suspendus aux poutres du plafond. Signé en bas, à gauche.

Tableau d'un beau coloris.

Bois. Haut. 42 cent. ; larg. 55 cent.

STEEN

(JAN)

73 — La Fin du repas.

Vingt-cinq personnes sont réunies dans une vaste pièce éclairée à gauche par une haute fenêtre formée de deux arcades accolées. Les convives occupent deux bancs de chaque côté d'une longue table servie devant la cheminée.

Le repas touche à sa fin. Donnant le signal de la danse, un gros joufflu et ventru, la plume au feutre, a saisi sa commère par la main et lève gaillardement la jambe, tandis que le ménétrier racle son instrument debout sur un banc auprès d'un escalier que gravissent deux amoureux et une grosse fille qui cause avec un gars resté en bas.

En premier plan, à gauche, une servante rince un verre dans un baquet ; une fillette tenant une pomme et un gâteau s'approche d'un jeune garçon assis par terre, en train de manger une pleine assiette de confiture. A droite, un chien happe un os dans un plat d'étain déposé sur le sol.

Un grand rideau de soie bleue est drapé dans la partie supérieure du tableau et retombe sur le côté droit, formant repoussoir.

Toile. Haut., 98 cent.; larg., 1 m. 30 cent.

STEENWYCK

(HENRI VAN)

XVIIe siècle. — École hollandaise.

74 — Intérieur d'église gothique.

Vue perspective, à la tombée du jour, de la grande nef d'une église gothique. On distingue encore le maître-autel à travers la porte du jubé. A gauche, dans une chapelle latérale, éclairée par des cierges, un prêtre à l'autel se retourne pour donner sa bénédiction aux fidèles agenouillés.

Bois. Haut., 39 cent.; larg., 59 cent.

SWANEVELT

HERMAN

XVIIe siècle. — École hollandaise.

75 — Paysage d'Italie.

Une femme, suivie d'un chien, chemine à quelque distance d'un bouquet d'arbres plantés à droite sur un monticule. Du même côté, un peu plus loin, une construction italienne couronne le sommet d'un rocher.

Des plaines, où serpente une rivière, occupent les plans reculés jusqu'au pied d'une chaîne de montagnes.

Nous avons conservé à ce tableau la modeste attribution sous laquelle il figurait dans la collection, mais nous pensons qu'on peut, avec juste raison, l'attribuer à Claude Lorrain.

Toile. Haut., 65 cent.; larg., 95 cent.

TENIERS

(DAVID)

1610-1694. — Anvers

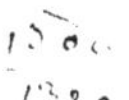

76-77 — Le Vin et la Bière.

Chacun son goût. Témoin ces deux buveurs qui se toisent avec dédain, bien pénétrés l'un l'autre de la suprématie de la boisson affectionnée. Le plus âgé, un vrai Flamand à barbiche blonde, au feutre bossué, en tient pour la bière et porte triomphalement à deux mains une cruche au ventre rebondi. L'autre, plus jeune, coiffé d'un berret bleu, les yeux brillants, le rire aux lèvres, est un adepte de Bacchus et montre une tasse à déguster le vin, une jolie tasse d'argent à godrons, déjà à moitié vidée.

Ces deux types flamands, vus en buste, sont spirituellement brossés sur deux petits panneaux formant pendants, et signés en haut du monogramme de Teniers.

Bois. Haut., 11 cent.; larg., 10 cent.

TERBURG

GÉRARD.

1608-1681.

78 — La Couseuse.

Dans un intérieur d'une grande simplicité avec cheminée à pilastres cannelés et chapiteaux qui se voit à gauche, une dame hollandaise, la tête enveloppée d'une coiffe de linge blanc, vêtue d'une jupe grise, d'un mantelet de velours noir, bordé de cygne blanc et d'un tablier, est occupée à un travail de lingerie posé sur ses genoux ainsi qu'un petit coussin vert.

A terre, près d'elle, un berceau d'osier en partie recouvert d'un rideau vert.

Tableau d'une touche très délicate dans des tons gris argentés.

Toile. Haut., 45 cent.; larg., 37 cent.

GRAVÉ PAR LERAT.

TIEPOLO

GIAN-BATTISTA

1693-1770. — Venise.

79 — Le Saint-Sacrement.

Dans les nues, un ange porte l'ostensoir d'or devant lequel se prosternent des anges et des chérubins.

Sous les nuages, apparaît la courbe du globe terrestre.

Toile. Haut., 55 cent.; larg., 33 cent.

TIEPOLO

(G. B.)

80 — Composition allégorique.

Un poète à longue barbe, en robe blanche et manteau jaune, la main sur un livre ouvert, est assis dans les nues. La Gloire lui apporte une couronne. Plus bas, une femme assise a devant elle un drapeau rouge.

Motif de plafond.

Toile. Haut., 37 cent.; larg., 47 cent.

TIEPOLO

(G. B.)

81 — Composition allégorique.

Groupe de femmes, vues en raccourci, dans les nues. L'une est assise, tenant un rameau; l'autre debout, drapée de jaune, s'appuie sur le fût d'une colonne. Deux génies planent dans les airs.

Motif de plafond.

Toile. Haut., 37 cent.; larg., 47 cent.

TIEPOLO

G. B.

82 — Apparition de la Vierge.

Entourée de patriarches et environnée de chérubins, la Vierge apparaît à saint Dominique, en robe blanche et cagoule noire, prosterné sur les marches de l'autel.

Esquisse pour un plafond.

Toile. Haut., 36 cent.; larg., 51 cent.

TIEPOLO

G. B.

83 — Exaltation de saint Dominique.

Vêtu d'une robe blanche, porté par les anges, le saint s'élève dans les cieux.

Esquisse pour plafond.

Toile. Haut., 36 cent.; larg., 51 cent.

TIEPOLO

84 — Apothéose d'un pape.

Esquisse pour plafond.

Porté par les séraphins, un pape s'élève dans les nues; des chérubins l'environnent; un ange, dans le haut de la composition, porte la tiare; un autre, en bas, tient la croix patriarcale à triple branche.

Toile chantournée. Long., 80 cent.; larg., 60 cent.

TOL

DOMINIQUE VAN

XVIIe siècle. — École hollandaise.

85 — Vieille Femme arrosant des fleurs.

Une ménagère hollandaise apparait à une fenêtre en arcade, tenant une cruche de poterie rouge, et se penche pour arroser des chrysanthèmes dans un vase de terre cuite. Elle porte une coiffe blanche, une collerette à petits plis, un corsage bleu avec des manches roses.

Une cage est accrochée au montant de la fenêtre qui est décorée, sous l'ouverture, d'un bas-relief représentant des jeux d'enfants ; un pied de vigne grimpe contre le mur.

Petit tableau comparable pour son fini précieux à une œuvre identique de Gérard Dow, qui figure dans la galerie de Vienne.

Bois. Haut., 36 cent.; larg., 27 cent.

VELDE

ADRIAAN VAN DEN

1636-1672. — Amsterdam

86 — Pâturage hollandais.

Une chèvre debout et deux vaches couchées sur le bord d'un canal, en premier plan. Deux autres vaches et un mouton sont entrés dans l'eau.

Sur la rive opposée, quelques saules sont alignés devant les prairies qui s'étendent au loin.

Petit tableau d'une coloration blonde très fine.

Bois. Haut., 15 cent.; larg., 20 cent.

VELDE

ADRIAAN VAN DEN

87 — Les Bergers.

Deux bergers, l'un debout appuyé sur un bâton, l'autre assis, un panier entre les jambes, sont dans un pré en pente sur la lisière d'un bois et surveillent un petit troupeau composé de deux brebis, d'un bélier et d'une chevrette grise qui broute au premier plan.

A droite, en contre-bas, les prairies s'étendent au loin.

De légères vapeurs s'élèvent dans l'azur du ciel.

Signé en bas : *A. V. Velde f. 1657.*

Toile. Haut., 35 cent.; larg., 27 cent.

VERSCHUUR

LIEVEN

XVIIe siècle. — École hollandaise.

88 — Marine.

Un trois-mâts sous pavillon hollandais, en vue de la terre, tire des salves et cargue ses voiles ; des hommes de l'équipage montés dans deux canots aident à la manœuvre. Un pilote rame vers le navire.

De nombreuses barques de pêche, espacées sur la grande surface grise d'une mer au calme plat, découpent leurs voiles sur l'horizon et, se rapetissant de plus en plus, finissent par disparaître dans l'éloignement.

Le ciel bleu est zébré de grandes traînées de nuages vivement éclairés.

Toile. Haut., 53 cent.; larg., 53 cent.

VERSPRONCK

(JAN)

XVIIe siècle. — École hollandaise.

89 — Portrait du peintre Thomas Wyck.

Imberbe, cheveux châtains flottant sur les épaules, il est vu à mi-corps, la tête de trois quarts à droite, le corps de profil, la main droite sur la hanche. Il porte un pourpoint noir et un large col de linon bordé d'une guipure festonnée.

Signé en bas à droite.

A figuré à l'Exposition de la *Royal Academy*, en 1888.

Toile. Haut., 78 cent.; larg., 66 cent.

VERSPRONCK

(JAN)

90 — Portrait de la femme du peintre Th. Wyck.

Souriante, tournée vers la gauche, vue de trois quarts, les mains réunies, tenant un chasse-mouches de plume noire, elle a des pendants d'oreilles en perles, une cornette de gaze, une large fraise tuyautée, des manchettes de guipure, des bracelets, des bagues et une robe de damas noir avec plastron brodé d'or.

Signé et daté 1641.

A figuré à l'Exposition de la *Royal Academy*, en 1888.

Toile, Haut., 78 cent.; larg., 66 cent.

WEYDEN

(Attribué à ROGER VAN DER

1400-1464. — École flamande

91 — Pieta.

Assise au pied de la croix, la Vierge, dont le visage exprime un indicible désespoir, étreint le corps inanimé du Christ qui repose sur ses genoux. A gauche, la Madeleine, en robe verte et manteau rouge, se prosterne les mains jointes ; à droite, se tiennent debout, un peu en arrière, Marie Salomé, drapée de noir, et saint Jean, vêtu de rouge.

Bois. Haut., 40 cent., larg., 30 cent.

WYNANTS

JAN

1600-1677. — Harlem.

92 — La Ferme.

Les bâtiments de la ferme avec leurs façades de briques, percées de fenêtres à petites vitres et de portes à chambranles de planches, s'élèvent à droite du paysage, à l'ombre d'un bouquet d'arbres. Une femme rince des baquets ; quelques poules sont éparpillées de chaque côté d'un enclos rustique.

A gauche, un paysan à cheval, un autre à pied armé d'un bâton, deux chiens dont l'un gambade, et plus loin un homme chargé d'une hotte, animent un chemin qui traverse la plaine et s'enfonce au loin sous un bois.

Tableau d'une extrême finesse d'exécution.

Signé en bas, à droite.

Toile. Haut., 68 cent. ; larg., 82 cent.

WYNTRANCK

XVIIe siècle. — École hollandaise.

93 — Le Cellier.

Des poteries rouges et grises, un pot à lait en cuivre, deux choux, l'un rouge, l'autre vert, un tonneau et divers ustensiles de ménage sont entassés contre un mur de briques traversé de poutrelles.

Bois. Haut., 29 cent.; larg., 25 cent.

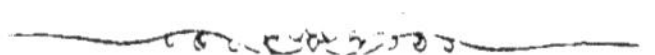

www.ingramcontent.com/pod-product-compliance
Ingram Content Group UK Ltd.
Pitfield, Milton Keynes, MK11 3LW, UK
UKHW022130260726
13993UKWH00003B/1348

9 782329 516257